AF357225

INVENTAIRE
V41.826

L'ART DE PEINDRE

SANS MAITRE

LES FLEURS A L'AQUARELLE,

ET DE COLORIER LES GRAVURES,

Par

M. E. HUARD (DE L'ILE BOURBON).

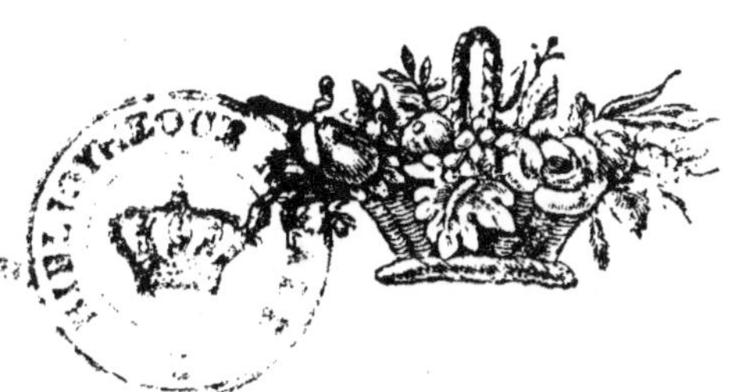

PARIS,

CHEZ L'ÉDITEUR, RUE CHRISTINE, 8.

1839.

Imprimerie de Cosse et Gaultier-Laguionie,
rue Christine, 2.—Paris.

L'ART DE PEINDRE

SANS MAITRE

LES FLEURS A L'AQUARELLE,

ET DE COLORIER LES GRAVURES.

————o·o————

AVANT-PROPOS.

Il y a quelques années, l'aquarelle appliquée aux fleurs était cultivée par des botanistes seulement, qui cherchaient moins à produire les effets pittoresques d'un tableau, qu'à rappeler naïvement la couleur de chaque fleur. Robert, le premier, eut la prétention de grouper et de composer un bouquet et de se faire *peintre de fleurs;* ses productions, conservées au *Muséum d'histoire naturelle,* prouvent le peu de ressources qu'offrait alors l'aquarelle, qui a acquis depuis, grâce au talent de M. Redouté, toute la vigueur de la peinture à l'huile.

Cet habile artiste, ce *Van-Huysum* de l'aquarelle, plus que l'illustre Flamand, a eu le talent de créer, en quelque sorte, une nouvelle branche des

arts : de son atelier, sont sortis beaucoup d'é-
lèves distingués qui ont à leur tour propagé ce
genre de peinture, aujourd'hui cultivée par un
grand nombre d'hommes et un plus grand nombre
de dames.

Beaucoup de ces élèves voulant peindre les fleurs
pour s'amuser, apprennent dans quelques leçons la
théorie de l'art, mais ils sont intimidés par les difficultés que leur présente la pratique qui ne s'ac-
quiert qu'à la longue ; nous écrivons donc ce petit
traité que nous nous efforçons de rendre le plus
clair possible afin de leur faciliter la manutention
de ce genre de peinture.

Pour donner exactement la méthode de peindre
de M. Redouté, nous suivrons *les Notices sur l'aquarelle appliquée aux fleurs*, écrite par l'une de ses
habiles élèves, Mme Lucy de Beaurepaire, dont
le talent est connu des amis des Arts et de toute les
dames fashionnables qui se parent aujourd'hui de
bijoux surmontés de ses charmantes et précieuses
miniatures à l'aquarelle.

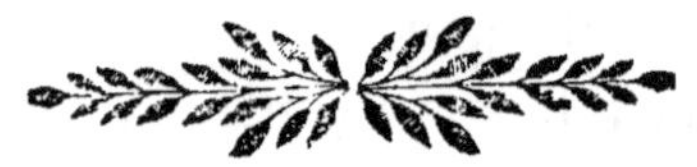

DU VÉLIN.

L'aquarelle étant arrivée au degré de force de la peinture à l'huile, on comprend que le papier n'a pas assez de corps pour soutenir les tons vigoureux ; il a donc fallu composer exprès une espèce de parchemin , nommé *vélin*, possédant les qualités bien grandes de conserver aux couleurs toute leur fraîcheur et leur éclat sans imbu.

(Ce vélin se trouve chez tous les marchands de couleurs). Il a l'inconvénient d'être gras par place, alors le pinceau glisse et ne marque pas ; il faut donc, avant de commencer, avoir soin de le frotter fortement avec de la gomme élastique ou simplement avec de la mie de pain rassis.

Pour que le vélin ne se macule point en peignant, il faut le tendre sur un carton, recouvert d'une feuille de papier blanc; on le mouille entièrement avec une éponge, on laisse évaporer l'eau pour que le vélin ne forme pas corps avec le papier de dessous, et quand il est seulement bien humide, on le tend, et on colle les bords sur le carton avec de la *colle à bouche*.

DES COULEURS ET DE LEUR PRÉPARATION.

Ce n'est point la multiplicité des couleurs qui produit une riche palette; mais c'est seulement l'art de s'en servir.

Gomme gutte,	Cobalt,
Jaune indien,	Bleu de Prusse,
Safran,	Indigo,
Carmin garance,	Encre de Chine.

Ces huit couleurs suffisent à M. Redouté pour peindre ses tableaux de fleurs qui sont tous d'une si riche et si brillante harmonie.

Ces couleurs se trouvent préparées chez les marchands; elles se vendent en tablettes, alors on n'a plus qu'à les délayer à l'aide du pinceau trempé dans l'eau, mais aussi elles reviennent fort cher; il vaut mieux les prendre en paquet; on les place séparément dans de petits godets, et afin de les employer ou liquides ou épaisses, on met plus ou moins d'eau.

Pour conserver aux couleurs toute leur fraîcheur, il faut avoir soin, lorsqu'on cesse de travailler, de remplir ces godets d'eau limpide et de les vider quand on se remet à l'ouvrage.

Le carmin s'achète en pierre; on le fait dissoudre en le laissant infuser pendant vingt-quatre heures dans de l'alcali volatil concentré; on diminue ensuite l'intensité de l'alcali en y ajoutant un quart d'eau, et l'on ne doit employer la couleur que lorsque l'alcali a produit tout son effet, lorsqu'il s'est entièrement évaporé. La gomme gutte et le safran se vendent chez les pharmaciens. On fait infuser le safran, pendant douze heures, dans un peu d'eau froide bien limpide; on la passe à travers un linge, et l'on reçoit dans un godet le principe colorant. Le safran est d'une grande ressource dans les tons d'un rouge chaud, pour peindre les œillets d'Inde, les capucines, etc. Il a seulement l'inconvénient de se décolorer au soleil.

Indépendamment de ces huit couleurs principales, quelques artistes en emploient d'autres intermédiaires, mais nous ne parlerons pas de ces composés de la palette, parce que, loin d'aider les personnes qui étudient, ces couleurs ne servent qu'à les embrouiller; la pratique les fait connaître facilement.

DES PINCEAUX.

Pour peindre les fleurs, il faut une grande propreté; c'est pourquoi l'on doit, avant de commencer, s'assurer de l'état de ses pinceaux et de sa palette, afin de ne point mettre involontairement un ton sur un autre.

Les meilleurs pinceaux sont ceux en martre noire; on les essaie en les passant rapidement, après les avoir mouillés, sur la main ou sur un morceau de papier; si la pointe reste fine et déliée, ils sont bons; s'ils se partagent en deux, on doit les rejeter, car alors ils ne peuvent servir. On doit avoir plusieurs pinceaux, d'abord des petits pour ébaucher et de plus forts pour terminer; il faut avoir soin de ne point se servir du même pinceau pour les lumières et pour les ombres, car on produirait des tons sales et faux; il faut, autant que possible, un pinceau par couleur, surtout pour l'ébauche.

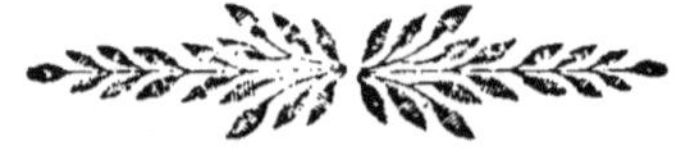

PALETTES, GARDE-MAIN.

Les meilleures palettes sont celles en ivoire, elles se vendent chez les tabletiers ; elles ont l'avantage de conserver les tons toujours humides, tandis que celles en porcelaine les sèchent promptement.

Pour ne point salir le dessin, on prend un garde-main en papier Joseph ; ce papier spongieux a le double avantage de conserver le papier et de recevoir le trop plein des pinceaux.

On doit avoir auprès de soi un morceau de vélin destiné à essayer les tons ; par cette précaution, on évite des retouches qui compromettent souvent le travail.

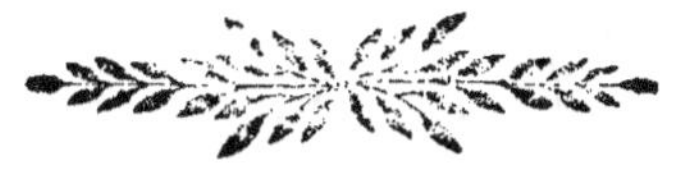

COMMENCEMENT DU DESSIN ET PRÉPARATION

DES FONDS.

Avant de commencer une ébauche, il faut toujours avoir la composition bien arrêtée d'avance dans la tête ; on la dessine à la mine de plomb, on rectifie alors les défauts qui ont échappé à la fougue de l'imagination, et l'on retrace les fleurs en mettant un trait bien léger dans la lumière et un trait plus fort dans l'ombre.

Si le bouquet doit se détacher sur un fond noir, il ne faut point que ce fond soit égal de ton, parce qu'alors les fleurs ne tourneraient plus et ne formeraient qu'un bas-relief ; il faut au contraire le faire dégrader des extrémités au centre ; d'abord pour mettre de l'air dans la composition, ensuite, pour ne point faire silhouetter avec dureté le contour des fleurs et des feuilles sur le fond.

Si le groupe principal doit se détacher en clair-obscur sur un ciel lumineux, il faut mettre beaucoup de légèreté dans le fonds ; éviter les gros nuages lourds et les rappels de

ton du lointain et du premier plan. On ebau·
che les ciels en posant d'abord tous les tons
à côté les uns des autres, après avoir légèrement éponge le vélin ; lorsque cette préparation est bien sèche, on revient alors avec des
touches, et l'on finit : on doit suivre la même
marche pour l'ébauche d'un fond noir; les
ciels et les fonds ne se commencent qu'après
l'ébauche du bouquet, car il est bien entendu
qu'ils doivent être sacrifiés au sujet principal.

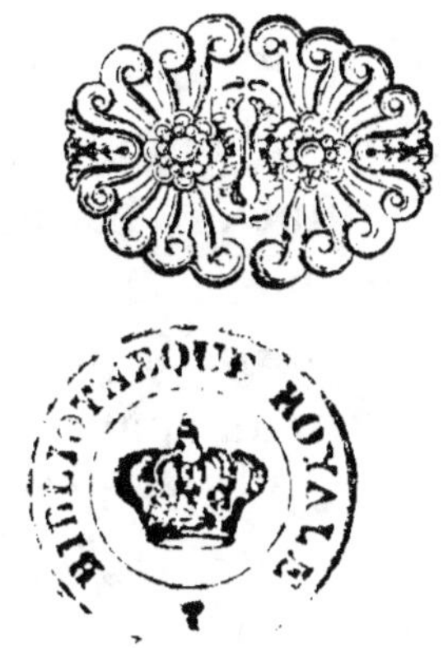

BIBLIOTHÈQUE ROYALE

DE L'ÉBAUCHE.

Ce qui distingue particulièrement les ouvrages de M. Redouté, est la manière admirable dont ils sont ébauchés ; ses devanciers suivaient, pour l'aquarelle, le système des peintres français, qui n'ont pas été coloristes parce qu'ils ne savaient pas ébaucher ; ils posaient des tons au hasard, les mettaient les uns sur les autres, et revenaient souvent en lumière sur des parties ébauchées en ombre, ou en ombre sur les clairs ; on comprend aisément que les dessous absorbaient, en séchant la lumière, comme la lumière se mêlant aux ombres, produisait des tons neutres et faux.

La méthode de M. Redouté, beaucoup plus positive, est, nous l'avouons, plus difficile ; mais aussi le résultat est certain. Il ne fait point de mélange hasardé ; il ébauche la fleur du premier coup. Il prépare d'abord toutes ses teintes sur une palette, leur donne à chacune leur degré d'intensité ; les lumières, les demi-teintes et les ombres dégradées, sont arrangées en ordre et sont bien nuancées, il peint alors l'ébauche sans hésitation; pour rendre ce procédé très important plus clair, laissons parler madame de Beaurepaire.

« Quand on veut peindre une rose, on commence par mettre du carmin pur sur la palette, on en prend une faible partie que l'on étend avec beaucoup d'eau pour les lumières, on en prend une autre partie que l'on délaie un peu moins pour la teinte locale, on y ajoute une pointe de bleu de cobalt pour les demi-teintes, et l'on fait les ombres avec un mélange de carmin, d'encre de chine et de cobalt. Le centre de la fleur se fait de carmin pur pour les parties chaudement reflétées, et de carmin teint de bleu et de gris pour les coups de force que nécessitent les tons vigoureux de la nature. Quant aux reflets, ils consistent dans une teinte plus ou moins carminée qu'il faut ménager avec le plus grand soin. Lorsque tous ces tons se trouvent sur la palette on ébauche comme nous l'avons indiqué. De cette façon, on obtient des nuances vives, pleines de transparence et d'éclat, et il ne s'agit plus que d'obtenir un modelé franc et vigoureux, ce qui est du ressort du fini. »

DE L'EMPATEMENT.

Comme dans la peinture à l'huile, comme dans le paysage à l'aquarelle, les fleurs se peignent dans le même système d'empâtement ; ainsi donc, les ombres, les teintes vigoureuses, demandent plus de couleur que les lumières, qui, dans certaines fleurs lumineuses surtout, ne sont jamais aussi transparentes que lorsqu'elles sont produites par un léger frottis sur le papier.

DU FINI.

Lorsqu'une ébauche est faite d'après le procédé dont nous avons parlé, le fini ne devient plus qu'un travail de patience où il faut seulement avoir l'esprit de la touche et le goût qui rectifie, qui harmonise les pauvretés des modèles ; on met une touche lumineuse pour faire avancer un objet, un glacis pour en éloigner un autre ; un *haché* fin pour rendre le velouté et les innombrables finesses d'une fleur.

Le fini est un des points les plus difficiles de la peinture de fleurs ; peu d'artistes sont arrivés à ce *medium* qui produit la perfection ; les uns en finissant détruisent toute la vigueur de l'ébauche et deviennent secs et froids ; les autres pour éviter ces défauts tombent dans le lâché et dans l'incorrection ; on ne doit pas oublier qu'une fleur, quelle qu'elle soit, a sa forme qu'on ne peut impunément changer, sans faire une faute de dessin, d'où je conclus qu'il vaut mieux pécher par la sécheresse que par le vague des formes.

CONCLUSION.

D'après ce procédé très simple, il est facile, comme on le voit, de peindre les fleurs à l'aquarelle; mais nous devons aussi l'observer, s'il est permis à toutes les intelligences de pouvoir mettre en pratique ces moyens matériels, il n'est pas donné à tous d'arriver à cette perfection qui ne s'apprend pas, mais qui naît avec l'homme favorisé du ciel. Notre but est donc ici, en facilitant les moyens d'exécution, de faire développer des talents qui peut-être ne paraîtraient pas si on ne leur ouvrait la carrière.

André Tassi, le maître de Claude Lorrain, est resté jusqu'à l'âge de 38 ans, dans la condition la plus commune, il était domestique; un faible *Traité sur la Peinture* qu'il trouva par hasard lui donna l'idée de prendre le pinceau; en quelques années, il était un peintre distingué qui a produit d'excellents ouvrages et dont le meilleur est son élève Claude Lorrain.

DE L'ART DE COLORIER LES GRAVURES

DE FLEURS.

Colorier les gravures est un grand délassement pour beaucoup de personnes, qui, n'ayant pas fait les études nécessaires pour être artistes, ont cependant le sentiment inné de la couleur, elles ne se doutent point, lorsqu'elles prennent une gravure et une petite boîte de couleur, qu'elles ne satisfont pas seulement un simple caprice, mais qu'elles obéissent à une vocation; pour d'autres, et c'est le plus grand nombre, la coloriation est une industrie lucrative qui produit à certains ouvriers six huit, dix et même douze francs par jour.

Il y a un siècle, quelques artistes seuls s'étaient versés à ce genre de travail, qui exige la connaissance des couleurs, la pratique et surtout la propreté; aujourd'hui cette industrie a pris un grand essor, car indépendamment des gravures qui se colorient pour servir de tableaux aux classes peu favorisées de la fortune, on grave beaucoup de planches qui ne peuvent paraît re qu'enluminées: telles, par exemple, les gravures des modes, d'albums, de costumes de théâtres.

Les gravures à *la manière noire*, à *l'aquatinta* et surtout les lithographies sont celles qui s'enluminent le plus facilement et qui donnent le résultat le plus favorable. Le burin, offre des difficultés qu'il est presque impossible de surmonter, à moins de peindre à pleine pâte, ce qui entre dans la spécialité de la lithochromie; encore dans les lumières, les hachures paraissent-elles.

DES PINCEAUX ET DES COULEURS.

On enlumine à l'aide de petits pinceaux plus ou moins forts, suivant la grandeur des objets qu'on a à faire ; les meilleurs sont en martre, et se vendent bon marché ; les couleurs s'achètent en petites boîtes, elles sont toutes préparées par tablettes, et sont arrangées en ordre de palette.

MANIÈRE D'ENLUMINER.

L'encre de la gravure sert d'ébauche naturellement; il faut donc bien prendre garde à ne pas étendre la couleur au-delà du contour pour ne pas détériorer le trait ou le dessin ; on peint avec un pinceau plus ou moins humide, suivant la force de la couleur qu'on va poser ; on commence par les ombres les plus fortes, on prend ensuite les demi-teintes et on termine par la lumière; dans les ombres il faut des touches larges, sans être heurtées, qui suivent bien le trait et surtout la direction des hachures de la gravure; dans les lumières qui sont produites par le blanc du papier, on peint légèrement et l'on suit en un mot, pour enluminer une gravure, le même procédé qu'on emploie pour peindre l'aquarelle. (Voyez le Traité précédent.)

On enlumine sans aucune préparation ; il faut avoir soin de ne pas trop mouiller le papier, car il se macule et la couleur s'étendant par l'effet de l'eau produit des taches : il faut seulement qu'il soit humide, ensuite il sèche de lui-même et reprend tout son lustre; il ne faut point le faire sécher à l'aide d'un poêle ou d'un fer chaud, car alors il reste toujours maculé.

DU GARDE-MAIN.

Comme pour peindre à l'aquarelle, il faut toujours avoir un garde-main en papier Joseph ; il est destiné à recevoir le trop-plein du pinceau et à préserver le papier du contact continuel de la main.

Pour bien colorier les fleurs, il faut suivre exactement les mêmes procédés que pour les peindre à l'aquarelle.

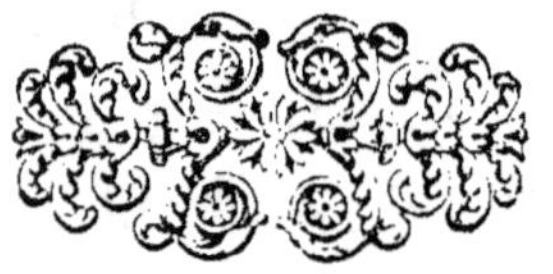

TABLE DES MATIÈRES.

Ouvrages qui se trouvent chez le même Editeur.

On souscrit chez tous les Libraires de Province.

PEINTURE ORIENTALE et Peinture sur verre, ou l'art de peindre sur papier, mousseline, velours, verre, bois, etc., des fleurs, fruits, papillons, oiseaux, le portrait, le paysage, etc., sans le secours d'un maître ni connaissance du dessin. — Brochure in-8. — Prix :   75 c.

ART DE DESSINER SANS MAITRE.

PEINTURE SUR PORCELAINE d'après les procédés de la manufacture de Sèvres.

PEINTURE EN CHEVEUX, et Procédé pour graver sur acier. in-8°.—Prix :   75 c.

TRAITÉ PAR LETTRES, sur la miniature, par Mansion, élève d'Isabey, 1 fort volume avec planches : prix 3 fr. 50

ANALYSE HISTORIQUE des ENFANTS TROUVÉS, et des moyens à employer pour en diminuer le nombre. in-8., prix :   1 fr.

ABOLITION de la CONSCRIPTION et du REMPLACEMENT, NOUVEAU MODE DE RECRUTEMENT, plan d'une école préparatoire pour tous les soldats. — Mode qui enrichirait tous les ans le trésor de 150,000,000, et les classes moyennes et inférieures de 40,000,000.—Diminution d'impôt. etc., etc., par **DESLOGES**, ancien militaire. In-8., prix :   1 fr. 25 c.

PEINTURE DITE LITHOCHROMIQUE, ou imitation sur toile, et l'art de donner aux objets dessinés au crayon, à l'estompe, aux lithographies, gravures, etc., l'apparence d'une jolie peinture à l'huile, suivi des procédés pour peindre et décalquer sur le bois et les écrans, et d'obtenir, avec un petit nombre de couleurs, toutes espèces de nuances. 3e édition in-8.—Prix :   75 c.

HISTOIRE DE LA RÉVOLUTION FRANÇAISE, avec l'Almanach pour 1839 et la concordance républicaine. EPHÉMÉRIDES présentant jour par jour les événements mémorables et tragiques de cette époque si pleine de faits étonnants. 1 vol. in-8°.—Prix :   1 fr. 50 c.

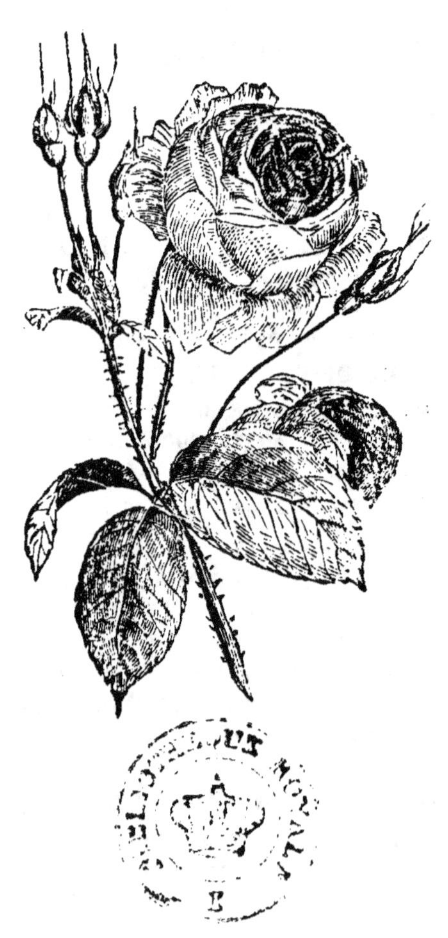

www.ingramcontent.com/pod-product-compliance
Lightning Source LLC
LaVergne TN
LVHW012119170726
843501LV00008BC/2938